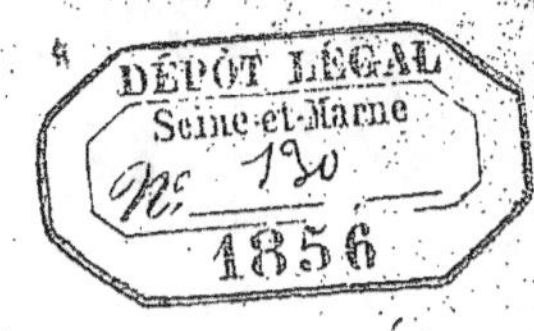

LE
MEILLEUR PRÉSENT

POUR L'ANNÉE 1856;

OU

LA VÉRITÉ ENTIÈRE

DÉVELOPPÉE DANS TOUTE SON ÉTENDUE,

Dédiée aux armes de

LL. MM. l'Empereur et l'Impératrice des Français,

ET OFFERT

Par amour et dévouement

AUX

ALSACIENS, BADOIS ET BAVAROIS,

Ouvrage nouveau,

COMPOSÉ PAR **M. KRAMER,**

Professeur de Dessin et de Musique à Paris.

MELUN,

IMPRIMERIE DE DESRUES, BOULEVART SAINT-JEAN, 2

1856.

PARFAIT DÉVOUEMENT POUR L'ALSACE.

Amour pur et sacré, amour de la Patrie,
Je veux à tout jamais, te sacrifier ma vie ;
De mon cœur, le désir le plus ardent des vœux,
Est de voir mon pays, pour toujours bienheureux.
Oui, je veux lui vouer toute mon existence,
Et pour mon dévouement l'unique récompense ;
Qu'ambitionne mon âme, est de jouir un jour,
De la vue du bonheur que voudrait mon amour ;
Chère et belle Alsace, prospérité, richesse,
Sont les biens que pour toi a rêvés ma tendresse.

AVIS.

J'ai l'honneur de prévenir à l'avance le lecteur intelligent et en même temps instruit qui voudra bien se donner la peine de me lire, de ne pas trop s'étonner sur la faiblesse de mon style ; encore moins sur la pauvreté de mes expressions. Attendu que mon livre, étant préférablement adressé aux pères et aux mères de famille, et particulièrement aux enfants. J'ai pensé, avant de le composer, que pour servir convenablement les uns et les autres, qu'il était (avant toute chose) indispensable de me mettre entièrement à la portée de tout le monde, et de ne pas trop employer, dans le contenu de mes idées qui s'y trouvent renfermées, des phrases trop saillantes, trop scientifiques, et j'ose même dire trop philosophiques. J'ai pensé, dis-je, qu'il fallait au contraire, en voulant servir largement d'ami intime aux premiers (parents), leur parler un langage simple, naïf et en plus persuasif, qui puisse à la fois, leur prouver complètement la vérité réelle des faits, et en même temps, l'excellence de mon cœur, avec lequel j'ai l'intention de les servir convenablement pour leur bonheur indistinctement. Leur montrant en même temps, par mon profond dévouement, le seul et unique chemin dans lequel ils doivent et devront continuellement marcher durant leur vie entière, pour s'acquitter, le mieux qu'il leur sera possible, de tous les devoirs que le pays, y compris la société entière exige journellement d'eux, et enfin, aux derniers (enfants), que je me mettais complètement à la portée de leur faible intelligence, pour tâcher de me faire comprendre par eux, le mieux qu'il me soit possible ; surtout par le langage d'un ami, c'est-à-dire celui d'un bon père, qui n'a d'autre désir au monde, que celui de leur servir en tout temps de fidèle Mentor, les tenant sans cesse par la main ; pour tâcher de les soutenir constamment dans leur marche chancelante et souvent incertaine pendant la durée de leur plus tendre enfance, et de plus, par mon amour et mon zèle, les diriger continuellement dans le chemin direct de toutes les vertus, qui mène les faibles humains au véritable bonheur terrestre et céleste ; après s'être continuellement éloignés de celui de toutes les perditions.

Biographie de l'Auteur.

—◦◉◦—

Kramer (Michel), ex-instituteur, naquit à Lauterbourg (Bas-Rhin), le 31 octobre 1802. Engagé volontairement dans l'artillerie de marine, le 29 avril 1829, il fut employé temporairement au bureau de charité du 10ᵉ arrondissement de Paris, du 15 mai 1829 au 1ᵉʳ décembre de la même année, enfin il fut premier cor (gagiste) au 44ᵉ régiment de ligne (du 15 décembre 1829, au 1ᵉʳ mai 1833).

Il quitta le service militaire en 1833, pour remplir les fonctions d'instituteur communal, à Moncontant, chef-lieu de canton du département des Deux-Sèvres, où il fut nommé président d'une Conférence d'Instituteurs. D'après de nombreux services qu'il rendit à ses collègues, comme président de la Conférence, M. le ministre de l'instruction publique lui accorda (d'après un rapport du comité de l'arrondissement), une gratification annuelle qu'il recevait encore en 1841, c'est-à-dire, une année après qu'il n'était plus instituteur.

De 1838 à 1840, il remplit les fonctions d'instituteur communal au Tallud, près Parthenay, celles de secrétaire de la Mairie, celles de chef de musique de la garde nationale de Parthenay, et professa la musique vocale et instrumentale, le dessin, à l'école normale, au collège, etc.

De 1840 à 1844, placé comme musicien cor à l'opéra de Rouen (Seine-Inférieure), il remplit en outre les fonctions de directeur de la Maîtrise générale, et celles de chef de musique du collège royal.

Depuis 1844, M. Kramer est à Paris, où ses talents variés lui permettent, comme professeur au séminaire Saint-Nicolas, et dans un grand nombre de pensionnats des deux sexes, de rendre les plus importants services.

Nous devons donc dire, d'ailleurs, que cet instituteur est bien capable d'élever la jeunesse, possédant cette droiture du cœur et d'esprit qui constitue la probité, il s'efforce sans cesse de détruire, dans ses élèves, tous les mauvais penchants, et fait en sorte qu'à toutes leurs actions, s'associent les notions de l'équité et de la Justice.

M. Kramer est un des membres fondateurs de l'académie de l'enseignement, société de laquelle il reçut une médaille d'argent, en 1851, pour ses magnifiques tableaux de calligraphie qu'il soumit à son examen.

Copie du rapport de la Société des Sciences Industrielles et du Commerce de Paris, sur l'ouvrage intitulé : *le Meilleur Présent pour l'année 1856*,

Par KRAMER (MICHEL).

———

MESSIEURS,

C'est une noble pensée qui a présidé à la composition de l'ouvrage de M. Kramer, le but que s'est proposé ce généreux philantrope, est de faire un bon livre, dont le produit doit être destiné au soulagement des familles indigentes de Lauterbourg (Bas-Rhin), pays natal de l'auteur.

Notre Société, Messieurs, doit donc s'estimer heureuse d'avoir à juger le mérite de tels écrits.

Nous allons faire une analyse rapide du travail de M. Kramer, car, s'il nous fallait faire connaître et développer toutes les bonnes idées qui s'y trouvent renfermées, un volume entier ne suffirait pas.

D'abord, l'auteur nous prouve que l'homme n'est point né seulement pour lui-même, mais bien pour servir son Dieu, sa patrie et ses semblables.

Il fait ensuite connaître l'importance qu'il y aurait, pour les Lauterbourgeois, de créer une importante maison d'éducation et de retraite, en faveur des enfants et des vieillards indigents.

C'est ici, Messieurs, qu'il faut voir l'admirable programme de l'instruction et de l'éducation que trace l'auteur, comme il fait ressortir les qualités et les devoirs de l'éducateur, etc., etc.

Plusieurs choses nous ont frappés dans ce chapitre ; tels sont :

1° La création d'une musique militaire et religieuse, au moyen de 40 élèves de la maison qu'il propose de fonder.

2° Les divertissements publics les dimanches et fêtes.

3° La distribution annuelle des prix, précédée d'une cérémonie religieuse.

4° La distribution d'une médaille d'argent et une de bronze aux deux meilleurs élèves.

5° La création d'une bibliothèque cantonnale, etc., etc.

Viennent ensuite une série d'articles sur le bien qui résulte d'une bonne éducation, sur les avantages de la connaissance de la nature physique, du Dessin, de la Musique, etc., etc.

Enfin, Messieurs, une grande idée qui nous a encore flattés, est celle de l'organisation d'une grande fête religieuse, consacrée à la très-sainte Mère de Dieu, dans le but qu'elle demande au Tout-Puissant, la cessation des maux physiques et moraux qui désolent depuis longtemps cette belle partie de la France, la prospérité du travail, du commerce et de l'industrie, la paix pour tous les hommes ici bas, et le bonheur infini dans l'éternité.

Vous le voyez, Messieurs, le livre de M. Kra-

mer, contient de grandes idées, de nobles sentiments, aussi, notre commission a-t-elle l'honneur de vous proposer :

1° De donner votre approbation à cet ouvrage.

2° De faire des vœux, pour que cette œuvre
obtienne dans l'Alsace, tout le succès qu'elle
mérite.

3° De décerner une médaille de bronze à son
estimable auteur, M. Kramer.

Ces conclusions ont été adoptées à l'unani-
mité.

Le Rapporteur,

B. LUNEL, Membre de l'académie des sciences de Caen,
etc., etc.

L'abbé DELACROIX, ancien grand-vicaire de Nevers.

CAZEAUX, chef d'institution.

Paris, ce 6 juillet 1855.

*Copie d'une lettre faite par M. Guilbert, président de la
Société l'Hortensia, nommé par Sa Majesté l'Empereur des Français, adressée directement à M. le Maire
de Lauterbourg (Bas-Rhin).*

A Monsieur le Maire de Lauterbourg (Bas-Rhin).

MONSIEUR LE MAIRE,

Au mois d'août dernier, j'ai volontiers souscrit

à un ouvrage composé par mon digne ami,
M. Kramer, professeur, lequel ouvrage porte
pour titre, *la Vérité Entière*, développée dans
toute son étendue.

Cet ouvrage, après avoir été unanimement ap-
prouvé par une de nos premières Sociétés savantes de la capitale (*Société des sciences Industrielles
et du Commerce*) dont j'ai vu moi-même le rapport,
qui recommande avantageusement l'œuvre de
mon ami, d'une manière toute particulière à
l'Alsace entière, où elle devra produire par
l'organisation d'une prochaine fête religieuse et
nationale à la fois, un heureux résultat pour la
province entière, et particulièrement pour le
soulagement de nombreuses familles malheureuses, pour lesquelles notre excellent philantrope veut se dévouer entièrement.

Ayant de plus, pris connaissance du supplé-
ment de son livre qu'il vient tout récemment de
vousenvoyer, etparlequel cegénéreux ami désire
encore répandre, en venant à son aide, de larges bienfaits (par des écrits), sur notre Auguste
Empereur, de même que sur notre bonne et excellente Impératrice et aussi sur l'Enfant pre-
mier-né que tout bon Français désire, sans
oublier ici tant d'autres bienfaits, d'une
étendue immense qui doivent complètement se
répandre dans les pays étrangers, amis de la
France, et particulièrement sur quatre Sociétés
savantes de Paris, pour venir largement en aide
à la vieillesse indigente.

Tant de générosité et de dévouement de la
part de notre ami, demandent à être pris en con-

sidération. Aussi, n'ai-je point hésité un seul instant à joindre ardemment mes prières aux siennes, pour vous engager, Monsieur le Maire, ainsi que votre honorable Conseil Municipal, d'accepter avec bienveillance et empressement, l'ouvrage de M. Kramer, votre meilleur ami, et l'aider par tous vos pouvoirs, pour que ses désirs les plus chers, pour son pays natal, puissent s'accomplir bientôt; comme je vais faire de mon côté, avec tous les efforts de ma Société réunie, pour le seconder largement : de manière à pouvoir arriver bientôt tous ensemble à une solution pleine, entière et satisfaisante.

Dans cette généreuse intention, j'ose espérer, M. le Maire, que mes vœux, joints à ceux de mon ami, seront favorablement exaucés par vous.

Dans cette bonne attente, j'ai l'honneur d'être,

Monsieur le Maire,

Votre très humble et très-obéissant serviteur,

Pour copie conforme,
Signé GUILBERT.
Président de la Société l'Hortensia, nommée
par S. M. l'Empereur.

OBSERVATION IMPORTANTE.

Mon livre n'ayant pas pu trouver assez d'écho au centre de mon pays natal, où, sans doute, on n'a pas su me comprendre sur l'étendue immense de mes bienfaits, qui devaient un jour se répandre largement (*par le moyen de mes idées*), sur une infinité de familles excessivement malheureuses, habitant, les unes la ville de Lauterbourg (*Bas-Rhin*), les autres les communes environnantes, sans parler ici, pour le moment, des pays étrangers, comme on le verra facilement par la suite, en me lisant attentivement.

Je m'étais vu forcé, par cette seule raison, avant de faire imprimer mon livre, d'y faire quelques changements dans son ensemble, en déplaçant complétement la série de plusieurs de mes chapitres, dans un ordre tout-à-fait contraire à celui qui se trouve si avantageusement cité par le rapport d'une de nos premières Sociétés savantes de la capitale, (*Société des Sciences Industrielles et du Commerce de Paris*).

Mais ; quels que soient les changements que j'étais forcé, malgré moi, d'y faire, absolument rien ne se trouve changé dans la réunion de mes idées, et le but définitif vers lequel tentent tous mes efforts, est absolument le même que celui qui existait auparavant :

Chapitre premier.

Description entière d'un voyage en Alsace, que fit l'auteur en 1853.

MON PAYS AVANT TOUT!

Comme le dit un vieux proverbe.

Quel que soit le pays où l'on a pris naissance, quelle que soit la chaumière qui vous a vu naître, quel que soit le chétif toit qui vous a abrité autrefois contre l'ardeur du soleil et l'intempérie des saisons. Cette cabane, témoin de votre jeunesse, âge tendre pendant lequel l'homme ne s'occupe que du présent, sans songer à un avenir plus ou moins incertain pour lui, et fort souvent, plutôt parsemé d'épines que de roses, fût-elle placée, dis-je, au milieu des marais bourbeux, au fond des bois les plus sombres, au sommet des montagnes les plus élevées, au milieu des déserts les plus arides et les plus sablonneux, on aime toujours préférablement son pays, avant tout autre, enchanté de le revoir

une seconde fois, après une longue absence de
trente années consécutives.

Je quittai Paris, lieu de ma résidence ordi-
naire depuis douze ans, le 12 septembre 1853, à
onze heures précises du soir, au milieu d'une
nuit sombre et pluvieuse. Par le train de première vitesse ; je fis lestement, durant la nuit,
une grande partie de la route, et, à mon réveil,
me trouvant accablé, par un triste sommeil ,
souvent interrompu par un certain mouvement
perpétuel, occasionné sans cesse par la vitesse
extrême des roues de nos magnifiques wagons,
tournant avec la rapidité du vent dans sa grande
fureur, et circulant de même sur les rails, infiniment plus vite que le vol impétueux d'un aigle
courroucé. Mouvement perpétuel, dis-je , qui
vous remue continuellenent et sans interrup-
tion toutes les entrailles, met de même en mouvement votre cœur et particulièrement votre
estomac qui se trouve bientôt vide, délabré, et
par la même raison totalement affaibli avec le
temps, de même que votre corps tout entier, à
moins que vous n'ayez eu soin auparavant, de
vous restaurer complètement de confortable, devant une bonne table largement garnie de mets
de toutes sortes et d'excellents rafraîchisse-
ments, ou, enfin, d'avoir fait d'amples provisions
de bouche avant d'entreprendre un si long
voyage. Heureusement que je m'étais muni de
l'un et de l'autre, et en quantité suffisante, pour
pouvoir en cas de nécessité, me rendre utile
aux autres voyageurs. C'était ainsi ; qu'étant bien
muni d'approvisionnements nécessaires qui ne

m'empêchèrent nullement de dormir, que je
sortis joyeusement, si toute fois je puis m'exprimer ainsi, de mon sommeil, ou plutôt de mon
assoupissement. Et, quelles furent ma grande surprise et ma joie extrême de me voir déjà, à la pointe
du jour, dans les environs de Bar-le-Duc, chef-
lieu du département de la Meuse. Ville que nous
n'aperçûmes que de loin, et que nous perdîmes
bientôt de vue, pour porter notre attention, avec
une satisfaction inexprimable, sur d'autres objets
qui frappaient admirablement nos regards. C'é-
taient tantôt des côteaux magnifiques, garnis de
distance en distance d'arbres fruitiers de toutes
les espèces, et de vignes verdoyantes. Nous aperçûmes également ça et là, de superbes propriétés,
les unes plus belles que les autres, presque toutes placées sur le sommet le plus élevé des côteaux, d'autres au fond des vallons, entourées
de bosquets sombres et de charmilles magnifiques, garnies complètement de fleurs de toute
beauté et de différentes couleurs, variées à l'infini, qui, sous aucun rapport ne laissaient rien
à désirer.

Dans des vallons fleuris, serpentait la Meuse,
dont les eaux limpides égayaient ce paysage
déjà si riche et si beau. Bientôt nous arrivâmes
à Nancy, ancienne capitale de la Lorraine, et
aujourd'hui une de nos plus belles villes de
France, sur laquelle je ne saurais, mes amis,
vous donner ici aucun détail satisfaisant, attendu que nous ne nous arrêtâmes qu'une demi-
heure à l'embarcadère de son chemin de fer,
situé à quelque distance hors de ses murs, pour

prendre un faible déjeûner qui devait nous donner de nouvelles forces, pour continuer ensuite notre longue route jusqu'à Strasbourg , ancienne ville libre avant le règne de Louis XIV, également ancienne capitale de l'Alsace , pendant le 17e et 18e siècle, et maintenant, dans le 19e, chef-lieu du département du (Bas-Rhin). Ville grande, forte et magnifique, qu'il me tardait de voir de près, en sortant des hautes montagnes , existant depuis les environs de Phalsbourg jusqu'à Saverne, et particulièrement son haut clocher bâti jadis par les Romains, et dont la pointe semble se perdre audessus des nues. Malgré notre marche rapide, j'aurais volontiers consenti, pour calmer mon impatience, à ce qu'on mit à notre train par derrière, une locomotive en plus ; afin d'arriver au plus tôt à Strasbourg, où il me tardait de pouvoir serrer dans mes bras, plusieurs amis d'enfance, et surtout les membres d'une honorable famille, à laquelle je devais ma première visite, pour lui témoigner, par ma grande satisfaction, en la revoyant une seconde fois, après une si longue absence, ma gratitude, et particulièrement mes remercîments, pour tous les nombreux bienfaits qu'elle avait daigné répandre autrefois sur moi, avec une bonté extrême, durant une grande partie de ma plus tendre jeunesse, qui, sous bien des rapports, n'était pas trop heureuse. Je veux tout bonnement parler ici de la famille Simon, demeurant au café de la Lanterne, qui voudra bien me pardonner à l'avance, si j'ose la citer un instant avec respect et amitié, dans mon livre. Mais,

mes bons amis, s'il est doux en ce monde à faire
le bien, il est encore bien plus doux à un cœur
sensible de le recevoir, et malheur à celui qui,
ici bas, ose facilement oublier ses bienfaiteurs.
Comme un ingrat détestable, en agissant ainsi
(soit par indifférence d'esprit, où par dureté
de cœur), il pèche fortement contre la loi de
Dieu et contre celle des hommes mêmes.

Après un séjour d'une nuit seulement à Strasbourg. Je quittai de bon matin le sol Français,
en traversant le Rhin pour aller revoir, quelques heures après, la plus jeune de mes sœurs,
demeurant alors avec son mari et son jeune fils,
à Bade-Bade, ville remarquable par ses eaux
minérales qui ont la vertu de guérir radicale-
ment une infinité de maux, et qui, par cette
seule raison, durant la belle saison, attire dans
son intérieur beaucoup de personnes de tous
les âges, de tous les sexes, et de toutes les con-
ditions, venant de tous les pays, et particulièrement des états d'Allemagne.

Après un séjour de quelques jours seulement,
en cette ville superbe, située entièrement à
l'entrée de hautes montagnes, presque toujours
couvertes d'une fumée épaisse, produite uniquement par la vapeur soufrée des eaux minérales.
Je quittai ma sœur ; ainsi que sa famille, pour
repasser une seconde fois le fameux fleuve du
Rhin, pour aller visiter enfin ma pauvre ville
natale Lauterbourg, en passant avant par Ras-
tadt anciennement ville champêtre, où furent
autrefois, à la fin du 18e siècle, assassinés plusieurs de nos plénipotentiaires ; dont notre his-

toire fait largement mention, et qui furent par
la suite, cruellement vengés par nos armées
victorieuses. Ville aujourd'hui considérable-
ment fortifiée, entourée de tous côtés de hautes
murailles et de fortes citadèles, presque toutes
inaccessibles, et de larges fossés excessivement
profonds, qui servent de défense, en première
ligne , à ses nombreux remparts, d'une élévation extrême et d'une épaisseur considérable.

Je parlerai ici très-peu de ses habitants, j'en
ai guère vu dans les rues en plein midi. Mais le
peu que j'aperçus autour de moi, m'avait suffi,
pour deviner entièrement sur leurs visages pâ-
les, amaigris et attristés, cette grande misère
qui règne également au milieu d'eux, occa-
sionnée sans doute par le manque de commerce,
d'industrie et de travail, source réelle du bonheur des peuples. Et que cette grande joie, cette
profonde gaîté, que moi-même, j'avais vue autrefois régner au milieu d'eux, avait, depuis fort
longtemps, quitté la province entière.

Environ deux heures plus tard, après avoir
quitté cette ville et repassé le Rhin, une émotion
tendre, que je ne saurais définir, s'empara subitement de mon cœur, et me força, malgré moi,
de m'arrêter subitement au bord de ce grand
fleuve, que j'ai déjà cité par son véritable nom,
qui sépare la France d'une partie de l'Allemagne
et de la Suisse. Mon cœur s'émeut en revoyant
de nouveau l'église, avec son clocher, placée
sur une certaine élévation qui permet de la
voir à une très-grande distance, de même que

les anciens remparts, entourés encore de distance
en distance de ses vieilles murailles, que la lon-
gueur des temps n'avait pas encore entièrement
détruits ; ensuite , cette sainte chapelle où
autrefois ma bonne mère, ainsi que ma première
belle-mère m'avaient souvent conduit (soit bien
portant, soit malade) , pour me recommander
sans doute d'une manière toute particulière,
ainsi qu'elles-mêmes, à la bonne Vierge, mère
du Sauveur des hommes, qui, depuis fort longtemps, par suite des nombreux miracles opérés
en tout temps sur une infinité de malheureux,
se trouve encore de nos jours, en grande vénération parmi les Lauterbourgeois et les habitants des environs, qui viennent souvent la prier
avec ferveur, pour obtenir de la reine des anges
et des hommes, l'objet le plus cher de leurs désirs, ou pour la remercier amplement, d'avoir
daigné les secourir , par sa haute puissance,
dans un moment de danger éminent.

Après avoir fait quelques prières devant cette
sainte chapelle, qui me rappelait à l'instant, avec
les larmes aux yeux, de bien tendres moments
de jeunesse, particulièrement ma bonne mère
qui m'aimait tant d'un amour vraiment ma-
ternel, et qui avait autrefois, par ses bons exemples, su imprimer de bonne heure dans mon
cœur, et particulièrement dans le fond de mon
âme, cette sublime religion qui console toujours
l'homme dans les peines, le soutient dans la dé-
tresse, et lui donne toujours par un véritable
repentir, lorsque sa conscience lui reproche
fortement ses fautes passées, la persuasion du

pardon de Dieu, et l'espérance d'une vie meilleure à l'avenir.

Mes courtes prières étant achevées, je me disposai à gravir le rempart, et bientôt, à quelque distance de là, je me trouvai au centre de la ville, et immédiatement après, installé dans l'une de ses auberges (*Aigles-Noires*), qui reçoit ordinairement la plus grande partie des voyageurs, qui passent d'une année à l'autre par cette localité.

Ici, je n'avais nullement besoin d'annoncer aux bons habitants mon arrivée, qui par ma grande surprise, avait été annoncée huit jours à l'avance, par l'excellent curé de la paroisse, à qui j'avais envoyé quelque temps auparavant, non seulement une lettre ; mais encore un petit manuscrit, dans lequel j'eus soin de détailler à ce bon ecclésiastique une grande partie de mes volontés présentes, avec le motif principal qui me rappelait pour quelques jours seulement dans mon pays natal. Cette annonce faite à l'avance fit bientôt remplir une partie de mon hôtel de curieux, et particulièrement à ma grande satisfaction, d'anciens amis d'enfance. Ce fut par ces derniers, que j'appris en peu de mots, l'absence d'une infinité d'autres de qui je venais à l'instant de m'informer. On me dit tristement ; que les uns avaient cessé de vivre, d'autres avaient depuis fort longtemps, quitté le pays avec toutes leurs nombreuses familles, et d'autres enfin ; non-seulement de l'endroit même, mais la majeure partie de la Bavière Rhénane et du grand duché de Bade ; hommes, femmes, enfants, jeunes et vieux étaient encore prêts à quitter le pays, pour s'expatrier dans des terres lointaines ; comme ne pouvant plus vivre dans les leurs, où il n'existait que misère, privations, lamentations et peines en tous genres. Et pour peu que cela dure encore ainsi quelques années, me dirent-ils, l'Alsace entière aura complètement perdu la moitié de ses habitants.

Cette déclaration entière, sur la situation du pays, me semblait tellement véridique, que je ne puis m'empêcher de lire facilement sur presque tous les visages, (pendant mon faible séjour) cette grande tristesse mêlée de langueur, qui anéantit tôt ou tard, toutes les facultés intellectuelles de l'homme, avec toute la vigueur de ses membres ; dont le tout lui est ordinairement si nécessaire pour remplir dignement et loyalement ses fonctions, dans n'importe quelle condition où il se trouve placé.

Pour ne pas trop ennuyer le lecteur sur l'état malheureux de la plupart des Lauterbourgeois et des Alsaciens ; dont je viens à l'instant de parler, en donnant sur eux une très-faible esquisse. Je dirai seulement, qu'après avoir quitté Lauterbourg, pour rejoindre ensuite Strasbourg, chef-lieu du département, passant par Haguenau, Marienthal et Bischwiller, je ne vis partout, au milieu des villes et des villages, que tristesse, pleurs et misère qui me firent enfin, à moi-même, verser d'abondantes larmes ; en réfléchissant sérieusement sur la position malheureuse de mon pays natal, et principalement sur la province entière. Hélas ! Mon Dieu ! me suis-je fortement écrié, en portant mes regards rapidement vers la voûte céleste, Mon Dieu ! Mon Dieu ! Voilà donc cette belle Alsace vers laquelle mes soupirs se dirigeaient sans cesse depuis trente années entières, pour la revoir encore une fois avant de mourir : Grand Dieu ! dans quel état la revois-je aujourd'hui. Tout ce qui m'entoure ici ne m'annonce absolument que tristesse remplie de gémissements et de larmes. Pourtant ta position géographique (belle Alsace) est absolument la même qu'autrefois. Tu te trouves toujours favorisée dans ton commerce par ce fameux fleuve du Rhin qui borde ta lisière, par de nombreuses rivières ; ainsi que par de magnifiques canaux qui contiennent journellement quantité de barques et de navires, tous de différentes dimensions, remplis entièrement de nombreuses marchandises venant de l'intérieur et de l'extérieur du pays. Tes routes, parfaitement alignées, se trouvent également bien entretenues. Tes superbes forêts contiennent toujours de hautes futaies, d'énormes chênes et particulièrement de grands sapins d'une élévation de 120 pieds. Tes nombreuses mines fournissent toujours en abondance du cuivre, du fer, du soufre, de l'alun, du charbon, etc., etc... Ton excellent sol produit toujours en abondance, des blés de toute beauté, des légumes et des fruits d'énormes grosseurs, et de toutes les espèces. Tes administrations se trouvent toujours parfaitement dirigées par d'habiles gens, remplis de dévouement, de lumières, de sagesse et de charité. Tes peuples sont toujours les mêmes qu'autrefois, excellents chrétiens, pratiquant autant que possible la vertu, et particulièrement la charité envers les malheureux. Hélas ! Mon Dieu ! quelle est donc la source réelle de tant de maux ? Permets-moi donc, Seigneur, avec les bontés de ton amour et de ta toute puissance, de la tarir entièrement pour rappeler bientôt à la vie (si toute fois je puis m'exprimer ainsi) tant de malheureux, qui gémissent profondément dans la plus complète des misères. Dieu et ta bonne et tendre Mère, daignez donc favorablement exaucer les ferventes prières d'un de vos fidèles serviteurs, et faites-moi connaître un instant, ce que je dois faire, par mon dévouement, par mon courage, par ma force et mes lumières, pour sécher promptement tant de larmes qui font en ce triste moment, couler abondamment les miennes. Au même instant après avoir osé adresser une pareille demande à l'*Etre-Suprême*, il me semblait entendre une voix intérieure qui fit fortement palpiter mon cœur, me dire paisiblement ce peu de mots :

Heureux mortel, chéri en ce moment des Dieux, par rapport aux peines intérieures que tu éprouves sur le sort déplorable de ton pays, pour le soulagement duquel tu veux volontairement te sacrifier. Sache bien, qu'à ce malheur affreux, plusieurs causes premières s'y attachent particulièrement. La première, c'est le manque d'éducation, par laquelle on polit facilement tous les cœurs (en comptant depuis la jeunesse jusqu'à la vieillesse).

La seconde, c'est l'endurcissement de bien des

cœurs, et l'indifférence de bien des caractères, maux presque incurables, qui, depuis fort long-temps ont engendré le proverbe suivant :

Dans ce bas monde, chacun pour soi, et Dieu pour tous.

La troisième, la division intérieure des mai-sons, où règne fort souvent le désordre le plus complet, entre les membres d'une même fa-mille, ne se rappelant plus les uns et les autres, cette simple parabole du Christ.

Qu'une maison divisée par elle-même, ne sub-siste pas longtemps.

La quatrième, l'ambition, l'orgueil et la va-nité, trois maladies affreuses sorties entière-ment du sombre royaume de Pluton, depuis la création du monde, font aujourd'hui, au milieu du genre humain, plus de ravages que jamais ; de sorte, que la majeure partie des hommes, ne se trouvant plus contente de son sort, ni mécon-tente de son esprit, désire toujours de plus en plus, s'élever aux dépens d'autrui, ne se souve-nant plus, que la destinée de chaque homme naît avec lui, et quiconque veut s'élever tout autre-ment que la divine providence ne lui indique, tombe, tôt ou tard, dans d'affreux malheurs, d'où il lui est excessivement difficile d'en sortir, sans un heureux retour vers Dieu, avec un cœur rempli de repentir et de sagesse.

La cinquième, *l'entrainement* des grandes ri-chesses d'ici bas, qui font souvent oublier celles de l'autre monde, s'attachant trop avec avidité et sans relâche, à ce vil métal (*argent*), qui périt avec le temps, ainsi que le corps de l'homme ; sans songer, qu'il faudrait avant toute chose, s'attacher aux biens de l'autre, qui ne périra jamais ; surtout par la pratique constante de la religion divine, qui prescrit journellement à l'homme, qu'il n'est pas seulement né pour lui-même, mais uniquement pour servir son Dieu, sa patrie, son prince et autrui.

Maintenant, mon ami, me fut-il dit : tu en sais assez pour le moment, pour faire un excellent livre, qui pourra par la suite, procurer à ton malheureux pays natal, (*l'Alsace*) à la France entière, ainsi qu'à toutes les personnes bonnes et charitables, professant la religion chrétienne dans toute sa puretée, dans les deux hémisphères, la fin de ses maux, et le bonheur de concourir à une œuvre grande et généreuse, d'où naîtront d'immenses bienfaits.

Enfin , la sixième est uniquement celle-ci : L'oubli du charme que le cœur éprouve et que l'âme ressent, en tendant une main secourable à son malheureux frère, plongé dans le précipice du malheur. Ne sachant plus, que la *charité chrétienne* est une des premières vertus théologales, que Dieu récompense toujours largement dans cette vie et dans l'autre.

Deuxième chapitre.

—

Véritable grandeur de Dieu. — Bontés infinies de Marie, sa tendre mère. — Organisation, en Alsace, d'une nouvelle fête religieuse et nationale à la fois, pour l'année 1856, suivie d'un grand Banquet et d'un magnifique Concert de 300 Musiciens, appartenant à trois Nations différentes, à qui trois Médailles d'honneur de différentes valeurs seront accordées.

Au milieu de tant de misères, de calamités, de peines, de pleurs et de lamentations, dont le récit seul (*d'après le détail que je viens de donner précédemment sur l'Alsace*) fait, sans nul doute, frémir tous les honnêtes gens, ayant en eux de la sensibilité, des principes religieux, de la vertu, et particulièrement de la charité. Les pauvres Lauterbourgeois. En ne citant qu'eux pour le moment, ne possèdent pas moins au milieu d'eux, une consolatrice bienfaisante, et en même temps toute-puissante ; dont les bontés pour eux tous se répandent journellement avec profusion : lorsqu'ils la prient avec humilité, confiance, respect et dévotion. Qualités essentielles que

tout bon chrétien doit posséder dans l'intérieur
de son cœur : chaque fois qu'il prie Dieu, et
qu'il désire que ses prières soient favorablement exaucées du ciel. Je veux parler ici de l'i-
mage miraculeuse de la Sainte-Vierge, déposée
depuis plusieurs siècles dans la petite chapelle,
située hors de ses remparts sur la route du Rhin,
et sur laquelle j'ai déjà donné quelques détails
dans le chapitre précédent. Image miraculeuse
de la Vierge répeterai-je ici, encore une seconde
fois , qui autrefois comme toujours, par les excessives bonté de Marie pour le genre humain ,
fit disparaître en peu de jours, l'affreuse peste,
qui avait auparavant et en très-peu de temps, en-
levé les trois quarts des habitants de cette malheureuse ville, au centre de laquelle le deuil et
la désolation étaient à leur comble.

Ce fut sans doute, par le souvenir perpétuel
de ce grand miracle du ciel et une infinité d'autres qui eurent lieu jusqu'à nos jours, et dont
l'histoire du pays fait largement mention, qui
fait, que cette sainte image se trouve encore aujourd'hui en si grande vénération, non-seulement
parmi les malheureux Lauterbourgeois; mais
généralement parmi tous ceux des autres communes environnantes, plus ou moins éloignées
de cette triste localité. Lesquels chrétiens ,
dans un moment de désastre, viennent promptement, dans une humilité profonde et une pleine
confiance, se prosterner à ses pieds, en im-
plorant sur le champ sa miséricorde ; ainsi que
ses puissants secours, dont ils sentent toujours,
et en très peu de temps, les plus heureux effets.

Cette grande confiance que les peuples *Alsaciens, Badois et Bavarois (sans parler ici de tout autre peuple)* ont constamment eue et ont encore, en la personne divine de Marie, mère du Sauveur, de plus reine incomparable des anges et des hommes, entière consolatrice des affligés qui croient journellement en elle, et qui la prient avec cette véritable contrition du cœur, qui lui est toujours agréable ; m'a totalement décidé, dans l'intention d'augmenter de plus en plus cette même piété, et cette haute croyance religieuse, que ces bons peuples (*repéterai je ici*) ont constamment eues et ont encore pour la mère de Dieu : de faire avec le bénéfice de la prochaine vente de mon livre (en comptant en plus, sur le montant d'une souscription volontaire, par laquelle je ferai un appel à la générosité publique), l'acquisition d'une nouvelle image de la vierge, qui devra être déposée dans la même chapelle dont il vient d'être précédemment question, avec sa banière, celle du Saint-Sacrement, et de plus, dix drapeaux richement ornés et aux différentes couleurs nationales, suivant les pays pour lesquels ils seront destinés, et dont je donnerai l'explication dans le contenu même de ce chapitre.

Une fois devenu possesseur de ses divers objets nommés précédemment, j'organiserai à Lauterbourg, (*Bas-Rhin*) (*avec la permission des autorités supérieures de ce même département, après avoir obtenu celle du gouvernement même. Comptant à l'avance sur sa grande sagesse, sur ses profondes lumières, et particulièrement sur sa sublime charité envers tous les souffrants*)

J'organiserai dis-je, par le moyen de l'inaugu-
ration de la nouvelle image de la Vierge, et la
bénédiction solennelle de nos onze drapeaux,
une grande fête religieuse et nationale à la fois,
dont la durée sera de deux jours consécutifs.

Et pour être, en ces jours-là , parfaitement
agréable à Dieu et particulièrement à Marie,
que nous invoquerons tous par nos plus ferventes prières, pour obtenir bientôt de *l'Etre-
Suprême* l'objet le plus cher de nos désirs, nous
choisirons préférablement la grande fête de
l'Assomption (15 *août*), qui est le jour même que
la Sainte-Vierge monta en triomphe au ciel, entourée de tous côtés d'un groupe d'anges, au
milieu d'une nuée lumineuse, pour aller rejoindre son cher fils, auprès de qui, elle doit sans
cesse, jusqu'à la consommation des siècles, servir
de protectrice au genre humain. Grande fête solennelle, dirais-je une seconde fois, et une des
premières de l'année, que la nation Française
célèbre ponctuellement, non-seulement religieusement ; mais encore nationalement, comme
étant la brillante fête de leur bon et excellent
souverain, à qui tous les bons français témoignent
ce jour là, leur grand amour et leur entier dévouement.

Comme je viens de l'expliquer tout-à-l'heure.
En parlant de l'organisation de cette nouvelle
fête, de deux jours consécutifs, dont le premier
sera observé religieusement , et consacré de
même à la Mère de Dieu, à qui nous offrirons
tous *(avec le concours de tous les nombreux fidèles des
trois provinces réunies, lesquels voudront bien ces jours-*

là, de la plus grande solennité , se joindre à nous tous,
après avoir été invités 15 jours à l'avance, par tous les
journaux alsaciens) nos très-humbles prières, pour
que, par son intercession auprès de Dieu, son
cher fils, elle obtienne promptement pour nous
tous, la cessation d'une infinité de maux physiques et moraux, qui, depuis plusieurs années,
font tant de ravages, nonpas seulement en Alsace
et dans une grande partie de la France ; mais
encore dans plusieurs contrées de la terre entière, où de nombreux peuples se trouvent misé-
rablement réduits dans la plus profonde tristesse, et dans la désolation la plus complète.

Que le Rhin et d'autres grands fleuves, par la
volonté toute puissante du Ciel, ne sortent plus
de leurs lits, d'où, par le débordement de leurs
eaux bourbeuses et écumantes, ravagent depuis
plusieurs années une grande partie de nos récoltes, en augmentant de plus en plus, par des
pertes considérables, le prix du restant de nos den-
rées, qu'une infinité de personnes, par leurs mo-
destes positions *(la classe ouvrière surtout)*, ne peut
plus supporter de nos jours, se trouvant réduite,
par l'épuisement total de leurs longues écono-
mies, amassées avec tant de peines et de privations, à mourir journellement *(si toutefois je puis*
m'exprimer ainsi) de faim ou d'inanition.

Que l'industrie, le travail et le commerce,
trois branches essentielles, qui, non-seulement
pas elles-mêmes, font fleurir largement les nations et subsister tous les peuples de la terre,
procurant partout l'intérêt général, reprennent
bientôt leur ancienne activité ; afin que l'abon-

dance, mère de la paix, de la joie, du contentement et du plus parfait bonheur, règne complètement, non-seulement en France, notre chère patrie (*car mes bons amis, il ne faut pas toujours prier que pour soi, ou pour sa nation*), mais généralement parmi tous les peuples du globe terrestre, quelle que soit leur religion. De manière que cette grande abondance, dis-je, procurée uniquement par la grande quantité des fruits de la terre, leur arrive bientôt ainsi qu'à nous tous, par les seules volontés du Ciel, à la suite de nos très-humbles prières, pour que, par cette même abondance, tous les hommes reconnaissent de plus en plus la haute et suprême puissance de Dieu, qu'il faut, comme je l'ai déjà répété plusieurs fois, constamment adorer, servir et prier, avant toute autre chose, et implorer en plus, les infinies bontés de sa tendre mère, à laquelle, dans de terribles moments de peines et d'afflictions (*que tous les efforts réunis du genre humain, ne peuvent en aucune façon faire disparaître au milieu de nous*), nous devons nous adresser directement, afin que, par son intercession et sa protection toute puissante auprès de Dieu, nous obtenions amplement tout ce qui nous est journellement nécessaire, pour la nourriture de notre corps, pour le contentement de notre cœur, et pour la satisfaction de notre âme ; de manière, qu'après avoir continuellement vécu sur la terre en bons chrétiens, en hommes charitables et bienfaisants, c'est-à-dire, de même, comme Jésus-Christ le prescrit, en véritables frères, nous ayant constamment et mutuellement soulagés les uns et les autres, dans nos nombreux besoins. Nous nous endormions ensuite à la fin de nos vies, avec un cœur pur et une conscience nette, c'est-à-dire sans reproches ; comme le juste, sur le lit de la mort, en abandonnant entièrement nos âmes à nos anges gardiens, qui, par la volonté seule de *l'Etre-Suprême*, et les puissantes bontés de Marie, les monteront toutes en triomphe au ciel, pour les déposer ensuite glorieusement dans le séjour des bienheureux, où elles recevront de Dieu même, outre la vie éternelle, la couronne de l'immortalité.

Comme sur cette terre, il ne faut pas prier pour les vivants seulement ; mais aussi pour les morts. Nous metterons encore à profit les précieux moments de cette grande et solennelle fête, pour adresser tous ensemble nos prières au Très-Haut. A celui qui est de toute éternité ; afin qu'il daigne, par la haute puissance de Marie et par sa parfaite tendresse, recevoir favorablement et éternellement dans le ciel, les âmes de nos généraux, officiers, sous-officiers et soldats, morts glorieusement en Russie, depuis l'ouverture de cette grande guerre ; dans laquelle nous nous trouvons si justement engagés avec nos plus fidèles alliés. Prouvant par ce moyen totalement religieux et sentimental, à toutes les familles respectables, qui ont perdu douloureusement un père, un époux, un gendre, un frère, ou un fils qu'elles pleurent. Que si la France entière, notre chère patrie, se trouve quelquefois fière par elle-même de pouvoir, dans maintes circonstances, récompenser largement ses jeunes héros

qui, auparavant par leur grande vaillance, s'é-
taient couverts de lauriers; elle sait aussi bien,
dans des moments de deuil, mêler tristement ses
gémissements et ses larmes à quelques-uns de
ses membres inconsolables, en demandant ardemment à son Dieu, pour tant de victimes, de
larges récompenses dans le ciel; infiniment
plus précieuses que toutes celles qu'on aurait pu
leur accorder sur cette terre.

Connaissant parfaitement les sentiments déli-
cats, ou du moins publiques de mon pays, en
faveur du gouvernement actuel. Nous mettrons
encore à profit les précieux instants de cette
grande fête (*en Alsace*), pour offrir par un service
divin, qui sera dit le second jour, par Monseigneur l'archevêque de Strasbourg, devant le
même autel de la Vierge, nos vœux, et particulièrement nos remercîments à Dieu, pour avoir
accordé, par ses infinies bontés, une heureuse
délivrance de l'enfant que porte en ce moment
dans son sein, S. M. L'IMPÉRATRICE des Français,
et nous supplierons en même temps, par nos ferventes prières, la vierge Marie, reine incomparable du ciel et de la terre, de prendre sous sa
haute puissance et sous sa divine protection,
l'enfant nouveau-né (*soit prince ou princesse*), lui
accordant par la grâce de Dieu son cher fils, ces
profondes lumières, cette grande équité, accompagnée sans cesse de cette haute sagesse, que
possédait autrefois, au suprême degré, le grand
roi Salomon si favorisé du ciel, pour pouvoir
continuellement régner un jour, avec honneur
et gloire, sur les peuples que la divine Provi-

dence lui destine pour sujets. De même, qu'il accorde une longue et une précieuse vie, accompagnée sans cesse d'un glorieux règne, à ses augustes parents, assis aujourd'hui majestueusement sur un des plus beaux trônes de l'Univers, uniquement par la grâce de Dieu et la volonté de leurs bons peuples, que Sa Majesté surtout, Louis Napoléon III, empereur des Français, gouverne avec bonté, sagesse et prudence, en répendant journellement, avec la réunion des excessives bontés de notre excellente Impératrice, d'innombrables bienfaits sur les malheureux, qui n'implorent jamais en vain leurs secours.

Indépendamment de la bénédiction d'un superbe drapeau tricolore, que nous destinons uniquement à la ville de Lauterbourg. L'Alsace en fera bénir dix autres, aux différentes couleurs nationales, devant le même autel de la Vierge, dont le premier sera destiné à Sa Sainteté, le Pape Pie IX, pour être placé ensuite dans la superbe basilique de Saint-Pierre, première église catholique de l'Univers. Prouvant, par ce précieux don, au premier apôtre de Jésus-Christ sur terre ; ainsi qu'au peuple Romain, que la majeure partie des Français exerce non-seulement le Christianisme, comme étant la religion dominante de l'État ; mais que le pays tout entier, comme étant la sœur aînée de l'Eglise, a toujours, par ses excellents principes religieux, secouru et protégé en tout temps, les chrétiens d'Orient, et maintenu fort souvent, par la force de ses armes, les Papes mêmes, sur leur trône quelquefois chancelant. Espérant encore, dès ce jour, par la grande confiance qu'il met en Dieu, sortir bientôt, avec la réunion et les efforts de ses plus fidèles alliés, victorieux de cette terrible lutte , si fortement engagée en Orient, et que la paix générale, bonheur réel de tous les peuples, sera le véritable trophée de ses nobles efforts :

Le second drapeau, de couleur tricolore, devra être placé, quelques jours après, dans cette superbe partie du Louvre , nouvellement construite, avec une magnificence qui ne laisse absolument rien à désirer de mieux ; aux volontés de la nation tout entière. Sans parler ici pour le moment des nombreux étrangers, qui viennent chaque année visiter notre belle capitale. Si remarquable *(en parlant toujours du Louvre)*, par la solidité de sa construction, que par la beauté de son architecture, y compris ses nombreuses colonnes, surmontées toutes de magnifiques corniches, embellies supérieurement d'ornements gothiques et corinthiens. Sans sous-entendre ici, ses nombreuses statues, représentant dans leur ensemble, d'anciens personnages excessivement illustres, qui autrefois, par leur grande vertu, leurs profondes lumières , leurs nobles sentiments et leur grand courage ; soit dans les armes, soit dans les sciences et dans les arts , ont tous laissé avec leur mort, de glorieux souvenirs dans la mémoire de la France entière.

Par ce don inappréciable, que nous offrirons, par notre amour et notre parfaite soumission *(en parlant ici de toute l'Alsace entière)*, à notre auguste Empereur , Louis Napoléon III ; ainsi qu'à notre excellente Impératrice. Nous espérons rappeler à la mémoire de tous les bons Français, qui aiment tous, comme nous, leur Patrie et leur Souverain, que c'est le seul et unique drapeau, qui a toujours procuré à la France son parfait bonheur et sa véritable gloire ; comme ayant été autrefois, sous le règne glorieux de notre grand Empereur, Napoléon Ier : dont l'éternel souvenir se trouve consigné dans notre histoire générale, flotté majestueusement sur les premières capitales de l'Europe, de même que sur celle de l'Egypte, immédiatement après de nombreuses victoires, glorieusement remportées par nos anciennes armées, composées en majeure partie de braves vétérans ; dont fort heureusement, quelques-uns d'entr'eux vivent encore au milieu de nous. Engageant en cet heureux moment, notre belle jeunesse actuelle, à les imiter en toute chose, de manière que notre beau pays (*la France proprement dite*), conserve éternellement sa même grandeur, au milieu de toutes les nations civilisées, et que sa gloire, ancienne et présente, s'agrandisse toujours de plus en plus ; surtout par la profondeur de ses lumières, par la civilisation de ses peuples, y compris la sagesse de son gouvernement, et particulièrement, par les nombreuses victoires, que vont encore remporter cette année, ses grandes armées en Orient, où déjà plusieurs d'entr'elles, depuis l'ouverture de cette grande guerre, s'étaient vaillamment distinguées et couvertes entièrement de gloire.

Comme absolument rien n'est impossible à

Dieu; puisque par lui seul il dirige l'Univers entier; de plus, dicte journellement ses volontés les
plus suprêmes aux nations, et fait en même
temps mouvoir en tous sens les nombreuses armées de terre et de mer; auxquelles il ordonne
constamment, suivant ses bonnes volontés, de
combattre ou de rester paisibles. Nous choisirons donc exprès ce jour-là (*moment de la bénédiction de nos drapeaux*), pour offrir à l'Eternel toutes
nos prières, lui demandant, par ses bontés infinies, qu'il mette promptement un terme à cette
désastreuse guerre qui, depuis deux années entières, dérange complètement la prospérité de
plusieurs Etats de l'Europe, au milieu desquels
elle met journellement le deuil et la désolation.
Qu'il fasse bientôt reparaître, au milieu de
nous tous, cette paix générale, vers laquelle se
dirigent à tout moment nos soupirs. De manière,
que nos nombreuses troupes en Orient, après
s'être constamment signalées par leur vaillance,
comme leurs bons et généreux ancêtres sur de
nombreux champs de bataille, où la victoire après
le combat, les aura toujours couverts de lauriers,
puissent promptement et fièrement retourner au
sein de leur patrie reconnaissante, où leurs
bons parents les attendent avec impatience,
pour les presser tous tendrement sur leurs
cœurs, déjà palpitants de joie et d'attendrisse-
ment, par le souvenir seul de ce grand espoir. De
même que la nation toute entière, représentée
uniquement en la personne de son auguste Empereur, Louis Napoléon III, à les couvrir de lauriers, en déposant sur la poitrine des plus braves

d'entr'eux, cette belle décoration de la Légion-d'Honneur, que nous devons tous, tant que nous sommes, chercher à gagner par notre bonne conduite, et particulièrement par notre entier dévouement pour la nation.

Le 3ᵉ et 4ᵉ drapeau aux couleurs nationales des pays, pour lesquels nous les destinons, seront (*une fois bénits*) offerts par l'Alsace, à leurs Majestés Royales la reine d'Angleterre, et au roi de Piémont, pour remercier amplement ces grands et augustes personnages, de nous avoir honorés l'année dernière, de leur auguste présence au milieu de notre belle capitale, où leurs Majestés ont laissé éternellement dans les cœurs des bons Français, généralement parlant, ce grand amour, et particulièrement cette haute confiance ; par laquelle il est largement prouvé aujourd'hui, que les trois peuples, Français, Anglais, Piémontais, par leur cordiale entente, ne font plus en parlant ainsi ; qu'une seule et même nation. Protégeant par la sagesse de leurs lois, de plus par leur amitié réciproque, leur fidélité et leur grande soumission envers leurs excellents souverains et souveraines. En surplus, par leurs nombreux vaisseaux voguant fièrement sur toutes les mers, y compris leurs grandes armées de terre toujours victorieuses sur de nombreux champs de batailles, le droit des gens, le maintien des nations, la liberté des cultes, l'étendue intérieure et extérieure du commerce, de tous les peuples en général. En plus, l'industrie et le travail, qui procurent journellement par une paix générale (*unique vœu des trois nations occidentales, si étroitement engagées dans la guerre d'Orient)* la richesse, le contentement et le parfait bonheur, au milieu de tous les hommes civilisés, habitant les cinq parties du globe terrestre; avec lesquels la France, notre chère patrie, ne demande qu'à vivre en bonne intelligence et en parfait accord pour son propre intérêt, pour sa propre prospérité et sa propre satisfaction.

Par l'un de ces deux dons infiniment précieux, offert uniquement par notre amour et notre parfaite reconnaissance à Sa Majesté Britanique. Nous espérons, avec la grâce de Dieu et la haute protection de Marie sa digne mère; dont l'une et l'autre se trouveront à la suite de nos prières, largement répandues sur le dit drapeau que nous lui destinons. Que désormais les deux nations Française et Anglaise, resteront pour l'intérêt général des peuples; ainsi que pour la civilisation Européenne, éternellement unies. Et que, par ce lien d'amitié réciproque, que désormais aucune force humaine ne saurait rompre. Cette ancienne rivalité, qui autrefois avait armé pendant plusieurs siècles les deux nations l'une contre l'autre, ne renaisse jamais au milieu de nous. Tant que dureront les siècles avec cette cordiale entente, qui unit aujourd'hui si étroitement ensemble les cœurs des français et des anglais. Chose excessivement surprenante et même merveilleuse, qu'on aurait eu de la peine à concevoir il y a fort peu d'années. Et pour voir un pareil prodige : Il a fallu que paraisse en France, le règne glorieux de Louis Napoléon III, neveu du grand homme.

Le 5e drapeau sera offert à Sa Majesté royale Léopold premier, roi des Belges, pour la remercier amplement au nom de la France toujours de plus en plus reconnaissante, pour l'accueil favorable, avec lequel elle a daigné recevoir et traiter l'année dernière les augustes époux de France, au moment que Leurs Majestés l'EMPEREUR et l'IMPÉRATRICE de France, ont daigné lui présenter leurs hommages les plus respectueux, en visitant son superbe palais et sa magnifique capitale.

Le 6e sera offert à la princesse Stéphanie, grande duchesse de Bade ; pour être placé ensuite dans son superbe palais ou château de Carlesruth ; afin de lui rappeler sans cesse par ce même présent, ainsi qu'à l'Allemagne toute entière. Que la France si étroitement unie aujourd'hui avec l'Angleterre et le Piémont, pour soutenir ensemble une cause juste, légitime et sacrée, n'a absolument ; comme le disait l'année dernière (15 novembre), par un sublime discours prononcé franchement et loyalement par notre auguste Empereur même ; devant tous les exposants de différents pays réunis, à qui des médailles d'honneur étaient décernées pour leurs nombreux chefs-d'œuvre, déposés auparavant dans l'intérieur de notre magnifique palais de l'industrie de l'exposition universelle à Paris, qu'une seule et qu'une même volonté. Uniquement celle ; comme je l'ai déjà dit plus avant, de vivre en bonne harmonie avec tous les peuples ses voisins, de même qu'avec ceux des pays les plus éloignés d'elle.

De plus, pour que Dieu par sainte bénédiction, largement répandue sur ledit drapeau , à la suite de nos ferventes prières, préserve à jamais le Grand-Duché de Badé de ces terribles innondations du Rhin, qui enlèvent toujours la majeure partie de ses récoltes, mettent la tristesse et le désespoir dans tous les cœurs et l'affreuse misère au milieu de ces bons peuples ; dont plusieurs d'entr'eux, à la suite de ces fléaux affreux, sont obligés presque chaque année , d'abandonner tristement leur beau pays natal, pour chercher une faible subsistance au milieu des terres étrangères, excessivement éloignées d'eux, et fort souvent placées sous un soleil brûlant, tout-à-fait contraire à leur santé.

Le 7e sera offert à la principauté de la Bavière-Rhénane, absolument pour le même motif que celui du grand Duché de Bade.

Le 8e à la ville de Strasbourg *(ayant déjà la Vierge pour patronne de la ville)*, pour la préserver éternellement, avec la haute protection de Dieu, de tout envahissement d'armées étrangères en cas de guerre.

Le 9e à la ville de Colmar *(Haut-Rhin)*, pour entretenir, ou pour protéger éternellement avec la volonté du ciel, l'alimentation de ses nombreuses fabriques, qui donnent constamment du travail à la classe ouvrière ou laborieuse, au milieu de laquelle elles mettent journellement la joie, le contentement et le bonheur. Et de plus, que ces deux drapeaux, (8e et 9e) par des souvenirs religieux, qu'ils laissèrent éternellement dans tous les cœurs des vrais croyants en Dieu, à la suite de cette grande et solennelle fête que nous organisons pour le mois d'Août en Alsace, préserve à jamais, avec la volonté de Dieu et les bontés infinies de Marie, la province entière de cette belle partie de la France, de toutes espèces de fléaux qui plaisent quelquefois au Très-Haut, dans sa juste colère contre les vices affreux du genre humain, de répandre sur une partie de la terre.

Enfin le 10e ou dernier drapeau, sera par nous directement offert aux chrétiens d'Orient, pour les engager tous à joindre leurs prières aux nôtres ; afin que le ciel exauce promptement et favorablement nos vœux, en nous accordant bientôt cette paix générale que nous désirons tous ardemment obtenir de lui, de même que notre Auguste Empereur. Telle que Sa Majesté impériale l'avait hautement et franchement manifesté, au moment de la clôture définitive de notre belle exposition de l'année dernière, devant un nombreux auditoire.

Nota. Comme les peuples d'une même nation doivent toujours avant toute chose, la soumission aux lois, le dévouement et la fidélité à leur souverain, de même que le respect à leurs magistrats. Je déclare ici avec toute la franchise possible, que l'Alsace entière, dont je connais parfaitement, (*d'après plusieurs preuves certaines*) les excellents sentiments pour le gouvernement actuel, n'offrira les différents drapeaux (*une fois bénis*) aux augustes personnages des pays étrangers amis de la France, qu'au nom de son auguste

Empereur. Prouvant entièrement par ce grand acte de générosité envers nos alliés, le respect et l'amour qu'elle a entièrement, ainsi que moi-même pour leurs Majestés Impériales Louis Napoléon III , et leur excellente IMPÉRATRICE. Dont les qualités éminentes sont depuis long-temps connues de la France entière.

ORGANISATION D'UN GRAND CONCERT.

Désirant par tous les moyens possibles, que cette prochaine fête tout simplement organisée, dans mon pays natal (*Lauterbourg*), comme on le sait déjà par tout ce qui précède, puisse procurer aux nombreux fidèles, non pas seulement le spirituel et l'agréable, mais encore l'indispensable ; en venant largement au secours de nombreuses familles excessivement à plaindre, et sur les-quelles devront prochainement se répandre nos bienfaits.

Pour atteindre entièrement ce but, vers lequel tentent tous mes efforts. J'organise en plus ici, (*pour donner à cette fête toute l'illustration possible*), un grand concert de 300 musiciens, pris par tiers dans les trois provinces que j'ai déjà citées dans ce même chapitre. Chaque musique, composée de 100 artistes, appartenant tous au même pays, aura à exécuter séparément le deuxième jour de cette même fête, devant un nombreux auditoire, les différents morceaux de musique, qu'elle aura répétés quelques jours à l'avance.

Suivant sa bonté; en comprenant ici l'ensemble de son exécution, la richesse de son harmonie, et la délicatesse de ses nuances. Le tout ayant été parfaitement exécuté et strictement observé. Chaque musique, à la fin du concert, aura droit suivant son mérite, qui aura été apprécié immédiatement après ou pendant l'exécution générale, à la pluralité des voix d'un comité spécial, composé dans son ensemble de douze membres; bien entendu tous musiciens artistes, choisis par tiers, dans les trois provinces nommées ci-devant. Aura droit, dis-je, à une superbe médaille d'or, d'argent ou de bronze, frappées à l'avance pour cet effet, à l'hôtel des monnaies de Strasbourg.

La moitié des bénéfices résultant de ce grand concert (après tous les frais payés), sera remise fidèlement aux trois musiques nommées ci-dessus, pour être partagée après, à égale part; entre tous les musiciens exécutants. Ayant néanmoins égard au rang et au mérite.

L'autre moitié, réunie avec tout l'argent; provenant des quêtes et d'autres petits bénéfices que nous aurons pu faire de part et d'autre, sera répartie entre toutes les communes environnantes, situées en France, dans le grand Duché de Bade et la Bavière-Rhénane, éloignés au plus de Lauterbourg d'une distance de 16 kilomètres. Pour être dittribuée immédiatement après, entre toutes les familles malheureuses, de n'importe de

quelle religion, qui se trouvent malheureusement réduites dans de grandes peines, et dans
d'affreuses misères.

Observations. J'espère bien qu'on ne me saura
pas mauvais gré, sur ce que je viens de dire précédemment, en parlant de nos soulagements, re-
lativement aux nombreux bienfaits, qui devront
indistinctement se répandre en général sur une
infinité de malheureux, chrétiens, protestants
et israélites. Attendu, que pour être en ce jour-là
parfaitement agréables à Dieu ; si nous voulons
qu'il exauce favorablement nos vœux : Nous ne
devrons de notre côté, ne faire aucune distinction entre les malheureux que nous aurons la
bonne intention de secourir. Sachant encore
que Dieu lui-même nous dit, par ses divins com-
mandements.

*Tu aimeras constamment ton prochain comme toi-même, et
tu feras pour lui ; si toutefois il est malheureux, ce que tu vou-
drais, qu'on te fît à toi-même, si tu te trouvais à sa place.*

ORGANISATION D'UN GRAND BANQUET.

Enfin ; à la grande satisfaction de tout le
monde, cette brillante fête ainsi nommée ; dont
la France entière en parlera longtemps, et l'Alsace réunie avec le grand Duché de Bade et la
Bavière-Rhénane par son exécution et son grand

résultat encore d'avantage ; par rapport aux nombreux bienfaits que ces trois provinces en auront retirés, pour le soulagement d'une grande partie de leurs malheureux peuples. Cette brillante fête, dis-je; se terminera par un grand banquet vraiment fraternel ; pour lequel seront invités à en faire part, toutes les autorités civiles et militaires, la magistrature, les premiers corps savants; ainsi que les personnes les plus notables des trois pays ci-dessus nommés.

Prouvant par cette grande réunion; basée sur la véritable amitié et sur la plus parfaite fraternité. Que la France entière notre chère patrie, ne demande absolument et en définitif (*d'après ses désirs les plus chers*), qu'à vivre en paix avec toutes les nations de la terre, et que, par sa grande générosité une de ses meilleures qualités, qu'elle a toujours possédée et largement exécutée en tout temps; non pas seulement au milieu d'elle, mais encore à l'étranger et particulièrement sur de nombreux champs de bataille; aussi bien envers les vainqueurs comme envers les vaincus, de quelque nation qu'il soit, ne met encore aujourd'hui, par l'excellence de son cœur, aucune distinction entre les peuples ; surtout quand il s'agit de secourir l'infortune.

Mais désirant que Paris, et particulièrement une grande partie des infortunés faisant partie de quelques corps savants, reçoivent avant toute chose nos premiers bienfaits. Je désirerais encore de tout mon cœur, qu'une fois devenu possesseur de tous les objets qui nous sont indispensables d'avoir, pour l'organisation et l'exé-

cution de cette grande fête, que tout le monde
connaît maintenant par mes écrits qui précèdent;
que le tout, avant d'être envoyé en Alsace, fut
porté en triomphe (*par corporations, composée chacune
d'elles d'un certain nombre de citoyens appprtenant à la même
nation pour laquelle nons destinons chaque drapeau. Pré-
cédés chacune d'une musique ; soit de la garde nationale,
soit de la garde impériale*), à la cathédrale de Paris,
où Monseigneur l'Archevêque le bénira à la suite
d'une grande cérémonie religieuse, à laquelle
seront invités à assister, toutes les autorités civiles et militaires, la haute magistrature ; ainsi
que les premiers corps savants de la capitale.
Pour offrir tous ensemble nos ferventes prières
à Dieu et à la Vierge Marie ; afin que ces
grandes et suprêmes divinités, adorées et glori-
fiées du ciel et de la terre, nous deviennent
promptement favorables, en couronnant par
leur parfait amour et leur haute puissance, l'objet unique ou du moins les bonnes intentions
basées sur la véritable charité chrétienne, qui, à
elle seule, nous avait inspiré d'organiser cette
année une pareille fête en Alsace.

Le bénéfice, résultant de cette grande cérémonie, par l'augmentation des places sera, (*après
tous les frais de l'église payés*), versé par quart, dans
les caisses d'épargnes et de retraites, en faveur
de la vieillesse malheureuse, des artistes Musiciens, Peintres, Dramatiques, et même dans
celle des instituteurs du département.

A la fin de cette première cérémonie religieuse
c'est-à-dire en sortant de la cathédrale. Les mêmes objets seront de nouveau portés en triom-

phe, jusqu'à l'embarcadère du chemin de fer de
Strasbourg, en passant avant par la place de
Grève, puis par une partie de la rue de Rivoli,
traversant après la grande cour des Tuileries, et
s'arrêtant après, pour quelques instants seulement, devant le grand balcon du château, où le
cortège, par des remercîments sincères, offrira,
au nom de la nation entière, ses hommages les
plus respectueux à Leurs Majestés l'EMPEREUR et
l'IMPÉRATRICE des Français; pour nous avoir, par
leurs bontés excessives, puissamment aidés dans
l'organisation de cette grande et illustre fête,
dont les résultats à l'avenir, seront plus que sa-
tisfaisants. Non pas seulement pour l'Alsace et
ses provinces environnantes, mais généralement
pour la France entière. Sous le rapport du moral,
de la sensibilité, de la grandeur, de la gloire,
encore en plus de la charité chrétienne. Bienfaits éminents ; dont les générations présentes et
futures en parleront longtemps, et sans contre-
dit, autant que dureront les années et les siècles.

Observation particulière. Une fois munis de l'au-
torisation du gouvernement, pour l'organisation
et l'exécution de cette même fête. Je joindrais
alors volontiers mes prières à celles des bons
habitants de l'Alsace, pour supplier tous ensemble, Leurs Majestés l'EMPEREUR et l'IMPÉRATRICE
des Français, de nous honorer, durant ces deux
jours de fête en Alsace, de leur auguste présence, qui contribuera puissamment, à la grande
satisfaction de tout le monde, à l'embellisse-
ment de cette brillante cérémonie, de la première

4

solennité, par laquelle des bienfaits d'une étendue immense, devront en résulter pour le soulagement d'une grande partie de leurs meilleurs sujets.

Pour que les bons et fidèles Parisiens, à qui je désire aussi rendre d'importants services, puissent également assister à cette nouvelle fête, dont toute la grandeur est maintenant parfaitement connue de toutes les personnes bienveillantes, qui ont bien voulu faire l'acquisition de mon livre. Je préviens ici en peu de mots tous les habitants de la capitale, qu'à la grande satisfaction de tout le monde, des trains de plaisirs se trouveront largement organisés, pour ces jours-là, sur toute la ligne du chemin de fer de l'Est, qui transporteront, à très-bon compte, les nombreux voyageurs en Alsace. Non pas seulement pour leur procurer l'agrément d'assister personnellement à cette belle fête, mais encore l'avantage, de pouvoir rester deux jours en plus dans le pays, pour visiter complètement et joyeusement avec beaucoup de surprise, les magnifiques bords du Rhin, et plusieurs villes remarquables, parmi lesquelles figure, en première ligne la ville de Strasbourg, qui, en outre de ses environs, d'une beauté charmante, renferme de plus en elle, une infinité de curiosités ; parmi lesquelles on peut citer hardiment sa magnifique cathédrale, son grand clocher, et particulièrement sa superbe et surprenante horloge ; dont la beauté, et surtout les effets extraordinaires, que produit seul son mécanisme, surpassent infiniment l'imagination de l'homme.

La pauvre ville de Lauterbourg, ne possédant envers elle aucune espèce de ressource, qui puisse facilement l'aider dans n'importe quelle entreprise. Désirant pourtant que cette nouvelle fête en question, outre sa grande solennité, soit encore excessivement majestueuse dans tout son ensemble; de manière que rien ne reste à désirer de la part du public.

Pour atteindre entièrement ce but, j'abandonne complètement ce soin à la ville de Strasbourg, ainsi qu'aux autres villes environnantes; qui voudront bien par leurs principes religieux, par leur entier dévouement pour la nation, et leurs excessives bontés pour leurs semblables, nous seconder largement dans cette noble et généreuse entreprise; dont les résultats, d'après ce que je puis maintenant croire, se trouvent parfaitement détaillés dans cette première série de mon ouvrage.

CONTRE LES GRANDS MAUX IL FAUT DE GRANDS REMÈDES.

Vérité incontestable.

Plusieurs personnes; plus ou moins hautement placées (*clergé et autres*), à qui j'ai entièrement communiqué de vive voix ma nouvelle entreprise, d'une étendue considérable par rapport à ses immenses bienfaits, en faveur de mon pays natal et celle de plusieurs autres; m'ont déjà presque tous déclaré, en réfléchissant sérieusement sur

le but principal vers lequel tentent tous mes efforts, que j'aurais à l'avenir beaucoup de peines
à l'atteindre ; attendu que mon œuvre s'étend sur
une surface infiniment trop longue et trop large,
au milieu de laquelle , en la parcourant dans
toutes ses directions, comme j'ai l'intention de
le faire, je rencontrerais malheureusement dans
ma marche timide et modeste , beaucoup plus
d'épines que de roses. Dont les premières m'em-
pêcheront dans maintes circonstances d'avancer
directement vers le point final, où devront à
à l'avenir s'arrêter tous mes nobles efforts ;
consacrés entièrement au soulagement de tant
de malheureux.

Mes bons amis, vous répliquerais-je à tous,
qui partagent ces mêmes sentiments. Pour des
épines, je ne doute nullement d'en rencontrer,
et peut-être une très-grande quantité sur la longue route que je me propose en ce moment de
parcourir en tous sens, pour arriver un jour, s'il
plaît à Dieu, à une solution pleine et entière.
Par cette seule et unique raison qu'on en trouve
partout ; quelle que soit la partie du globe qu'on
se propose de parcourir. Mais aussi avec un peu
de jugement et de réflexion, on devrait également
ment savoir, que là même, où il y a de coutume
le plus d'épines à arracher, là, en réalité, il y a
fort souvent aussi plus de roses à cueillir. Et vé-
ritablement ; si l'homme faible, ordinairement
plus impatient que patient, avait avec un peu de
volonté et de calme, la précaution d'écarter lé-
gèrement de son chemin les premières (*épines*), il
arriverait beaucoup plus facilement , sans se

blesser, à cueillir les dernières (*roses*). Par ce seul moyen sa vie serait infiniment plus belle, son existence beaucoup plus assurée, et sa vieillesse infiniment plus calme. C'est-à-dire, en tout d'autre terme infiniment plus convenable, pour certaines personnes, qui faute de lumières, ne sauraient quelquefois pas assez me comprendre par ce qui précède. Que si Dieu dans sa juste colère, est quelquefois obligé d'envoyer sur la terre, certains fléaux pour punir plus ou moins sévèrement les vices du genre humain. Il sait aussi, malgré que l'homme par lui-même est un être imparfait, qu'il ne lui a pas donné moins en le créant, assez de jugement, de réflexion, d'idée, de la conception, et même de lumières, pour concevoir facilement par lui - même la la grande différence qui existe entre le bien et le mal; dont en tout temps, pour être en ce monde, et j'ose même dire un jour dans l'autre, parfaitement heureux, il faut sans cesse se détourner du premier, ne suivre et ne pratiquer que le second, par tous les moyens multipliés à l'infini, que la divine providence nous envie chaque jour. En comprenant dans ce nombre total, non-seulement l'or et l'argent, avec une infinité d'autres métaux plus ou moins précieux ; mais encore tous les fruits de la terre, par lesquels il nous est excessivement facile d'accomplir entièrement cette divine parole du Christ.

Aimez-vous les uns les autres comme de véritables frères, et secourez-vous tous de mêmes ; si vous voulez que de mon côté je vous aime tendrement, et que mon père, un jour dans le royaume des cieux, vous récompense largement.

Cette seule maxime divine, venant du Christ même, que j'emploie ici avec force et courage, me donne en ce moment plus que la certitude, que leurs Majestés l'Empereur et l'Impératrice des Français, dans leur haute sagesse et dans leur grande charité, excellentes qualités que nous connaissons tous parfaitement ; accueilleront avec cette haute bienveillance, qui distingue toujours la générosité des grands cœurs ; dont les souverains donnent toujours les premiers exemples à leurs sujets, le livre que j'ai l'honneur de leur dédier entièrement. De même que les honorables membres du gouvernement actuel, par leurs profondes lumières, et leur grand dévouement pour la nation et leur auguste Empereur, le recevront également avec empressement. Et que ; non-seulement l'Alsace entière, à laquelle j'ose en troisième lieu m'adresser, comme étant mon pays natal, pour obtenir promptement d'elle aide et protection ; mais encore à la généreuse population Parisienne, au milieu de laquelle je vis depuis douze années consécutives en honnête et paisible citoyen ; pour qu'elle daigne aussi, par tous ses efforts, se réunir à nous tous ; pour concourir tous ensemble, en mettant toute notre confiance en Dieu, qui sans nul doute couronnera plainement nos succès, aux dépenses considérables qu'exigera cette grande et majestueuse fête. D'où devra naître, comme du reste on peut facilement le comprendre, par toutes les explications que j'ai données précédemment, la plus grande et la plus puissante œuvre de charité ; que Dieu, par ses bontés infinies, par notre prompt retour vers lui, ne laissera pas sans récompense. En nous accordant cette année et les années suivantes, non pas seulement l'accomplissement de ces souhaits faits à la légère, que nous nous disons réciproquement au commencement de chacune d'elles, mais encore la cessation de tous les fléaux qui accablent, depuis plusieurs années notre beau pays, au milieu duquel renaîtront la joie, le contentement, l'amour, la santé, l'abondance des biens de toutes choses, et par dessus tout, la haute bénédiction du ciel que nous avons tous (*mes bons amis besoin*), pour faire prospérer de plus en plus nos maisons et particulièrement la France notre belle patrie, à laquelle nous appartenons tous ; comme étant ses véritables enfants.

Tels sont : Français, Badois et Bavarois, les vœux les plus ardents que je forme pour vous cette année, avec d'autres avantages infiniment plus grands et plus précieux, exprimés clairement dans les quatre vers qui vont suivre, et par lesquels je crois mes bons amis, vous prouver en peu de mots, toute la délicatesse de mes sentiments.

> Kramer, pour vos destinées,
> Vous offre les vœux les plus doux ;
> Que le ciel guide vos années,
> On trouvera le reste en vous.

Nota. Il est vrai, mes bons amis, que je me prends un peu tard pour vous souhaiter la bonne année, mais il me semble réellement, que les vœux de prospérité et particulièrement ceux du parfait bonheur, peuvent se recevoir dans n'importe quelle saison de l'année. Surtout quand ils sont dictés par l'amour et le dévouement.

GRANDE VÉRITÉ

SUR L'EXISTENCE ENTIÈRE DE L'HOMME.

L'homme propose et Dieu dispose.

Le premier par sa faiblesse, le second par sa toute-puissance.

De ce simple raisonnement, résulte cette grande vérité. Que le monde entier n'est absolument autre chose qu'un véritable spectacle ; dans lequel l'homme, en naissant, n'entre qu'en pleurant, le regarde avec surprise un instant, et le quitte ensuite en gémissant. Ou en d'autres termes infiniment plus sensibles, pour certaines personnes n'étant pas assez instruites. L'homme par lui-même n'est absolument autre chose qu'une tendre fleur, se formant le matin avec l'aurore, s'ouvrant peu d'instants après avec l'apparition du soleil sur l'horizon, jetant ensuite en plein midi son parfum *(résultat d'une bonne éducation)*, sur la surface entière de la terre, ou sur l'une de ses parties, se fannant après le soir, en mourant à la fin du dernier terme de son existence, plus ou moins bien au milieu des ténèbres épaisses de la nuit.

Mais pour que cet être plutôt faible que méchant, que nous nommons tous par son véritable nom d'homme, et que nous venons à l'instant de comparaître à une tendre fleur, puisse, dans le courant de son existence rapporter d'excellents fruits pour l'intérêt général de ses semblables ; il faut que cette même fleur soit de bonne heure comme le sol de la terre, cultivée avec soin par de bons et d'infatigables laboureurs *(instituteurs et institutrices)*, qui devraient sans cesse se rappeler, qu'avant de s'occuper entièrement de la culture de sa tête légère, comme cela arrive malheureusement que trop souvent. On devrait avant toute chose, s'occuper spécialement de celle de la racine principale de son pied, pour lui apprendre à se tenir solidement au milieu d'excellentes terres sur lesquelles elle se trouve placée. Et particulièrement sur celle de la droiture de sa tige plus ou moins légère ; Car c'est toujours du milieu d'elle *(en comprenant ici le cœur humain)*, d'où la fleur reçoit journellement sa nourriture corporelle, et en même temps spirituelle, qui lui donne outre cette beauté extérieure, qui ne sert fort souvent qu'à tromper le monde, par la flatterie, l'hypocrisie, ou une infinité d'autres mauvaises qualités, qu'on rencontre journellement sur la surface du monde ; toute son existence entière, et sans laquelle, si toute fois elle se trouve entièrement privée de cette même substance divine *(si je puis m'exprimer ainsi)* ; en comprenant ici l'éducation complète des peuples, elle finit par périr tôt ou tard, et peut-être plus tôt qu'on ne le désirerait sur cette même terre, sans n'avoir jamais rapporté aucun fruit. Par cette seule et unique raison, que son équilibre excessivement variable et chancelant, ayant pris rapidement une pente plus ou moins oblique, plus ou moins inclinée, qui l'empêchera dorénavent de croître davantage dans une direction vraiment perpendiculaire. Laquelle devrait continuellement lui donner toute la force et les lumières nécessaires, pour élever droitement sa tête vers la voûte des cieux, au-dessus de laquelle se trouve placée la demeure céleste de celui qui l'a uniquement créée, et qui peut la conserver plus ou moins longtemps sur cette même terre ; suivant ses bonnes volontés. Perdant malheureusement, par cette pente oblique (*fausse instruction sans éducation*), ses propres forces par des désirs toujours nouveaux, en écrasant bientôt par son propre poids, d'une lourdeur extrême, toutes les fleurs de son espèce, qui, malheureusement, se trouvent placées sous elle. Ne se rappelant plus, que tout ce qui existe dans l'univers entier, n'a été créé que pour la gloire de Dieu, et de plus pour l'intérêt général des peuples. Et que dans ce bas monde, il est infiniment plus doux à un être sensible et bienfaisant (*tel que l'homme charitable*), à faire le bien plutôt que de le recevoir.

Ce raisonnement seul, en parlant ici, de la faiblesse humaine, me fournira prochainement assez de matières, pour composer entièrement la seconde série de mon ouvrage ; dans laquelle je ferais largemenl connaître à tous les pères et mères de famille, les devoirs sacrés qu'ils ont journellement à remplir sur cette terre envers les enfants, que le ciel leur a donnés. De plus, les obligations sacrées que les éducateurs des deux sexes, ont constamment à remplir dans leurs fonctions, non pas seulement envers la jeunesse, qui se trouve journellement confiée à leurs soins; mais encore envers la famille, la société et l'état. Prouvant en peu de mots, à toutes les nations civilisées, que sans éducation, l'homme par de fausses lumières, qui fort souvent lui inspirent trop d'idées de grandeur, vers lesquelles se dirigent constamment ses désirs les plus superflus, n'est autre chose sur terre qu'un être infiniment malheureux, en rendant journellement par ses défauts majeurs ses semblables de même. Déclarant en outre, à tous les hommes en général, que sur trois humains, en les prenant dans différentes catégories et dans n'importe quelle nation. Deux d'entr'eux nuisent journellement à la famille, à la société et à l'état. Ces deux hommes pris en particulier, sont tout bonnement l'ignorant et le demi savant. Le troisième ou dernier, homme parfait, par tous ses excellents principes, réellement fondés sur les véritables lumières, qui gravent toujours de bonheur dans le cœur, la sagesse, la sensibilité, la vertu et la charité même, fait à lui seul, non-seulement prospérer les familles; mais encore fleurir les nations, qui fort souvent pour ses nombreux bienfaits, ne le paient que par la plus noire ingratitude.

> Ah ! beau siècle de lumières,
> Tu empêches de voir clair.

Je donnerai également dans la première série de mon ouvrage, le détail complet sur l'exécution de cette grande fête, que tout le monde connaît maintenant. Et par un programme assez détaillé, je ferai connaître amplement, un mois à l'avance. Non pas seulement à l'Alsace entière, ainsi qu'au grand duché de Bade et à la Bavière-Rhénane ; mais encore aux habitants de notre capitale même, sans oublier par ailleurs les personnes charitables et bienveillantes, qui auront bien voulu faire l'acquisition de mon livre en y souscrivant à l'avance, toute l'étendue des réjouissances publiques, qui s'y trouveront à la grande satisfaction de tout le monde, largement établies pendant les deux journées consécutives, avec plusieurs jeux variés ; auxquels on ajoutera des primes de différentes valeurs.

La troisième partie de mon ouvrage, comprendra l'étendue immense des nombreux bienfaits dont jouissent complètement, depuis bien des siècles, toutes les nations de la terre, par l'invention et l'exécution des beaux arts : tels que la Musique, le Dessein et la Peinture. Dont le tout réuni, a servi amplement à la civilisation des peuples, au maintien des nations et aux nombreux besoins des hommes.

Enfin ; la quatrième ou dernière partie, comprendra dans tout son ensemble, la grandeur et la puissance de Dieu, avec les infinies bontés de Marie sa tendre Mère. Bontés comme je viens de le dire totalement infinies, sur lesquelles je donnerai, prochainement, de larges détails. Par la démonstration complète d'un grand nombre de miracles, opérés en tout temps sur une foule de malheureux, dans l'intérieur de l'Eglise de Notre-Dame de Bons-Secours, située dans le département de la Seine-Inférieure. Où une infinité de pélerins, matelots et autres, viennent chaque année s'acquitter régulièrement de leurs vœux. Prouvant encore par d'excellents principes de vertu. Que l'homme sans religion est totalement un être inutile sur la terre, et plutôt nuisible qu'utile à la société. Oubliant entièrement, en lui-même, par la dureté de son cœur, et par l'indifférence de son esprit, la Divinité Céleste, qu'il faut chaque jour adorer et prier, pour obtenir constamment d'elle les nombreux besoins du corps et particulièrement ceux de l'âme. N'ayant aucune idée bienveillante en lui-même, il ne désire et ne convoite plus pour satisfaire ses passions en tous genres, que la possession entière de cette masse d'or et d'argent, avec d'autres richesses excessivement fragiles, qui doivent, d'après ses volontés les plus absolues, et ses désirs les plus superflus, lui donner sans cesse cette entière liberté d'indépendance ; au milieu de ses semblables, qu'il considère souvent par son orgueil et sa fierté, avec la plus grande indifférence. Ne sachant plus, ou du moins ne voulant plus savoir, que dans ce bas monde, nous sommes tous nés les uns pour les autres. Et que dans n'importe quelle condition où l'on se trouve, on a toujours besoin du secours d'un plus petit que soi.

DERNIÈRE OBSERVATION.

Jésus-Christ nous dit dans l'Evangile, que la main gauche devra toujours ignorer les bienfaits qui sortent de la main droite ; c'est-à-dire en d'autres termes infiniment plus sensibles et plus persuasifs. Que nous ne devons jamais nous énorgueillir ; encore moins nous flatter, ni même nous louer sur le bien que nous faisons journellement à notre prochain, comme sur celui que nous lui aurons déjà fait ; sans quoi les récompenses du ciel deviennent souvent nulles. Mais, mes bons amis, malgré cette défense formelle de Dieu, qui connaît parfaitement par lui-même, nos bonnes et nos mauvaises actions. Qui en tout temps sait récompenser les premières et punir les dernières. Je ne saurais, en violant toutefois cette loi divine, qui sans doute par les infinies bontés du Tout-Puissant, n'est pas sans exceptions ; passer ici sous silence d'après les émotions tendres de mon cœur, les noms respectables des personnes honnêtes et charitables, qui ont déjà voulu par l'excellence de leur sœurs, comme toutes celles qui voudront à l'avenir les imiter, souscrire volontairement à la prochaine publication, ainsi qu'à l'impression de mon ouvrage, à la suite duquel, non pas seulement moi-même ; mais encore l'Alsace entière, le grand duché de Bade, ainsi que la Bavière-Rhénane, verront prochainement avec plaisir, joie, sensibilité et reconnaissance, figurer les noms respectables de leurs premiers bienfaiteurs ; pour lesquels, étant plus que persuadé, tous les habitants de ces trois provinces réunies prieront journellement Dieu. En leur conservant dans le cœur, comme moi-même, une immortelle reconnaissance.

FIN DE LA PREMIÈRE PARTIE DE MON LIVRE.

NOTA. *Chaque livraison de mon ouvrage ne se vendra que 0 fr. 90 c., et sera envoyé (franco) à domicile à chaque souscripteur.*

LISTE DES SOUSCRIPTEURS.

Mme La duchesse de Mirepoix, à Paris............ 10 fr. » c.
M. Gustave Paulin, colonel en retraite des sapeurs-
    pompiers...................................... 5 »
M. A. Descombès, trésorier du Sénat............. 5 »
M. E. Hermel, capitaine du génie à Paris.......... 5 »
M. L'Abbé Débrehant, directeur du séminaire Saint-
    Nicolas, à Paris............................... 2 50
    Le frère Joseph, caissier du même établissement... 2 50
M. R., curé de la commune de Reuil............... 2 »
Mme Leroy, marchande et propriétaire à Paris....... 7 »
Mme Jean, propriétaire à Paris.................... 6 »
Mlle Z., comptable dans une maison de commerce.... 5 »
Mlle E. Cavalier, maîtresse de pension............. 5 »
M. Lunel, médecin et homme de lettres à Paris...... 5 »
M. Béranger, pharmacien à Paris................. 5 »
M. Jean Oxancendie, médecin à Paris............. 5 »
M. Lorent Daul, chevalier de la Légion-d'Honneur.... 2 »
M. Wilson, propriétaire et vice-président de la Sainte-
    Enfance, à Paris............................... 2 50
M. Guilbert, président de la société Hortensia, nommé
    par Sa Majesté l'Empereur des Français......... 5 »

Mme Nodet, propriétaire à Reuil...............	5	»
Mme Pot, propriétaire à Belleville..............	3	»
Mme Phincée, tapissière à Paris..............	5	»
Mme Maisonnet, libraire à Paris...............	2	50
M. Simonin, sous-lieutenant, aux sapeurs-pompiers, à Paris...............	2	»
M. Lefancheux, arquebusier, à Paris............	3	50
MM. Vernet, propriétaires, à Paris..............	2	50
M. Florent, préfet de musique, à Saint-Nicolas, à Paris	2	50
M. Graveistein, professeur de musique à Paris.......	2	50
M. Hautdorf, idem................	2	50
M. Delabard, idem...............	2	50
M. Voize, idem...............	2	50
M. Mault, idem...............	2	50
M. Fischer, idem...............	2	50
M. Mangé, idem...............	2	50
M. Jeannsen, idem...............	2	50
M. Duval, idem...............	1	»
M. J. B., idem...............	1	»
M. Kramer, blanchisseur à Reuil...............	5	»
M. Fautz, terrassier à Reuil...............	5	»
Mlle Meson, coloriste à Paris................	2	50
M. Leroux, chef d'institution à Paris............	2	50
M. Quevrin, idem	1	»
M. Chardon, idem...............	2	50
M. Edme Pagès, ancien professeur de l'école normale de Chateauroux (Indre)................	2	50
Mme R., rentière à Bressouire (Deux-Sèvres).......	2	»
M. Lubin Rondenay, étudiant en droit de Saint-Brieu (Côtes-du-Nord)................	2	»
Mme Letilois, lampiste à Paris................	1	»
M. Grout (460), élève à Saint-Nicolas............	2	50
M. Cottin, sellier à Paris................	2	50
Mme Cottin, née Weytmon à Paris..............	2	50
Mme Meunier, marchande de vin à Paris..........	2	50
Mme Dupon, marchande de couleurs à Paris........	2	50
Mme D. B.; propriétaire à Paris................	1	»
Mme Malheim, maîtresse couturière à Paris........	2	50
M. Henri Legemble, marchand de curiosités à Paris...	2	50
M. Chevalier, peintre en bâtiment à Paris.........	2	50
M. Edouard, commis................	1	»
M. Victor, restaurateur à Paris................		50
M. Robert, pâtissier à Paris................		»
M. J. Génant, concierge à Paris............		50
Mme Perrier, institutrice à Paris............		
Mme P., peintre................		
Mlle Madelaine Guephart de Lauterbourg...		

Melun. — Imprimerie de DESRUES.